A BÍBLIA EXPLICA
A Ressurreição
O ponto central do cristianismo

DAVID PAWSON

ANCHOR RECORDINGS

Copyright © 2018 David Pawson

A RESSURREIÇÃO: *O PONTO CENTRAL DO CRISTIANISMO*
THE RESURRECTION: *THE HEART OF CHRISTIANITY*

Os direitos autorais referentes a este livro são assegurados a David Pawson, de acordo com a Lei de Direitos Autorais, Desenhos Industriais e Patentes de 1988 (Reino Unido).

Uma publicação da Anchor Recordings Ltd
DPTT, Synegis House, 21 Crockhamwell Road,
Woodley, Reading RG5 3LE, UK

Todos os direitos reservados.

Nenhuma parte desta publicação pode ser reproduzida ou distribuída, em qualquer forma ou por quaisquer meios, sejam eles eletrônicos ou mecânicos, incluindo fotocópias e gravações, ou por qualquer sistema de armazenamento e recuperação de informações, sem autorização prévia, por escrito, da Editora.

Para obter outros materiais de ensino de David Pawson, inclusive DVDs e CDs, acesse
www.davidpawson.com

PARA DOWNLOADS GRATUITOS
www.davidpawson.org

Mais informações pelo e-mail
info@davidpawsonministry.com

ISBN 978-1-911173-72-4

Esta publicação baseia-se em uma palestra. Por originar-se da palavra falada, muitos leitores considerarão seu estilo um tanto diferente do meu modo costumeiro de escrever. Espero que isto não venha a depreciar a essência do ensino bíblico encontrado aqui.

Como sempre, peço ao leitor que compare tudo o que digo ou escrevo ao que se encontra registrado na Bíblia, e, caso perceba um conflito em qualquer ponto, sempre fie-se no claro ensino das Escrituras.

David Pawson

A BÍBLIA EXPLICA
A Ressurreição
O ponto central do cristianismo

Um dos aspectos positivos da leitura da Bíblia é que cada uma das palavras que lemos vale a pena ser lida. Veja, por exemplo, 1Coríntios 15:

> Irmãos, quero lembrar-lhes o evangelho que lhes preguei, o qual vocês receberam e no qual estão firmes. Por meio deste evangelho vocês são salvos, desde que se apeguem firmemente à palavra que lhes preguei; caso contrário, vocês têm crido em vão.
>
> Pois o que primeiramente lhes transmiti foi o que recebi: que Cristo morreu pelos nossos pecados, segundo as Escrituras, foi sepultado e ressuscitou ao terceiro dia, segundo as Escrituras, e apareceu a Pedro e depois aos Doze. Depois disso apareceu a mais de quinhentos irmãos de uma só vez, a maioria dos quais ainda vive, embora alguns já tenham adormecido. Depois apareceu a Tiago e, então, a todos os apóstolos; depois destes apareceu também a mim, como a um que nasceu fora de tempo.
>
> Pois sou o menor dos apóstolos e nem sequer mereço ser chamado apóstolo, porque persegui a igreja de Deus. Mas, pela graça de Deus, sou o que sou, e sua graça para comigo não foi em vão; antes, trabalhei mais do que todos eles; contudo, não eu, mas a graça de Deus comigo. Portanto, quer tenha sido eu, quer tenham sido eles, é isto que pregamos, e é isto que vocês creram.

Ora, se está sendo pregado que Cristo ressuscitou dentre os mortos, como alguns de vocês estão dizendo que não existe ressurreição dos mortos? Se não há ressurreição dos mortos, então nem mesmo Cristo ressuscitou; e, se Cristo não ressuscitou, é inútil a nossa pregação, como também é inútil a fé que vocês têm. Mais que isso, seremos considerados falsas testemunhas de Deus, pois contra ele testemunhamos que ressuscitou a Cristo dentre os mortos. Mas se de fato os mortos não ressuscitam, ele também não ressuscitou a Cristo. Pois, se os mortos não ressuscitam, nem mesmo Cristo ressuscitou. E, se Cristo não ressuscitou, inútil é a fé que vocês têm, e ainda estão em seus pecados. Neste caso, também os que dormiram em Cristo estão perdidos. Se é somente para esta vida que temos esperança em Cristo, dentre todos os homens somos os mais dignos de compaixão.

Mas de fato Cristo ressuscitou dentre os mortos, sendo as primícias dentre aqueles que dormiram. Visto que a morte veio por meio de um só homem, também a ressurreição dos mortos veio por meio de um só homem. Pois da mesma forma como em Adão todos morrem, em Cristo todos serão vivificados. Mas cada um por sua vez: Cristo, o primeiro; depois, quando ele vier, os que lhe pertencem. Então virá o fim, quando ele entregar o Reino a Deus, o Pai, depois de ter destruído todo domínio, autoridade e poder. Pois é necessário que ele reine até que todos os seus inimigos sejam postos debaixo de seus pés. O último inimigo a ser destruído é a morte. Porque ele "tudo sujeitou debaixo de seus pés". Ora, quando se diz que "tudo" lhe foi sujeito, fica claro que isso não inclui o próprio Deus, que tudo submeteu a Cristo. Quando, porém, tudo lhe estiver sujeito, então o próprio Filho se sujeitará àquele que todas as coisas lhe sujeitou, a fim de que Deus seja tudo em todos.

1 Coríntios 15.1-28, NVI

Todo domingo é especial porque um judeu que viveu há dois milênios foi executado, aos 33 anos de idade, como se fosse um perigoso marginal. Durante três dias, ele permaneceu no túmulo, até que, no quarto dia, uniu-se novamente a seus amigos para cear com eles e, ao longo das seis semanas seguintes, apareceu a muitos outros até que subiu aos céus e não foi visto na terra desde então.

Milhões de pessoas creem que ele ainda está vivo e que retornará ao planeta Terra. Certa religião mundial, da qual fazemos parte, fundamenta-se nisso. Um terço da população do mundo professa crer nos fatos que acabo de descrever. Amigos e inimigos do cristianismo estão cientes de que tudo depende da veracidade da ressurreição de Jesus. É o fato crucial. Se a ressurreição não fosse real, então estaríamos envolvidos na maior fraude da história e, como resultado, precisaríamos fechar todas as igrejas. O cristianismo como um todo seria apenas uma mentira deslavada. Desmoronaria por completo, e o mais sensato da nossa parte seria admitir que construímos algo fundamentado em uma mentira, que iludimos e enganamos as pessoas – e, nesse caso, o cristianismo deveria desaparecer. Muitas pessoas teriam sido induzidas ao erro.

Alguns, contudo, ficariam satisfeitos com o fim da igreja contanto que Jesus permanecesse. Conheço muitas pessoas que são a favor de Jesus, porém opõem-se à igreja. É uma atitude muito comum em meu país, a Inglaterra. Essas pessoas não percebem que Jesus afirmou: "Vim para edificar uma igreja – a minha igreja". Mas fazer o quê? Muitos, como o indiano Mahatma Gandhi ou o russo Dostoievsky, reconhecem o nobre ensino de Jesus e o consideram um grande mestre de princípios morais. Os muçulmanos o veem como um grande profeta, nada mais. A ressurreição, contudo, prova que ele não é apenas um grande mestre ou profeta. Ele é muito, muito mais.

Sem a ressurreição, não seria possível crer em Jesus. Se Jesus não ressurgiu dos mortos, as afirmações que fez a respeito de si mesmo simplesmente não são verdadeiras. Mas se, de fato, ressuscitou, tudo o que ele afirmou é verdade e ele está legitimado perante o mundo. Temos de escolher entre três possibilidades: ele era louco, era mentiroso ou o Senhor! O mundo todo precisa decidir qual dessas opções é verdadeira: Jesus era lunático, era mau ou era Deus, você escolhe.

Existe até quem negue que ele tenha de fato morrido. Nós, contudo, cremos que ele morreu, foi sepultado e ressuscitou antes que seu corpo se deteriorasse no sepulcro. Esse é o ponto central da fé cristã. A fé não se baseia em sentimentos, mas em fatos, e é importante afirmar que estamos lidando com fatos. Primeiramente, vou falar sobre esses fatos e sobre as provas que os sustentam. Em seguida, quero refletir sobre seu significado, pois, ao que parece, a maioria dos cristãos não percebe o significado da ressurreição de Jesus.

Aqui estão os seis tópicos sobre os quais quero lhe falar. Em primeiro lugar: *A sequência da ressurreição*. Precisamos entender bem a história. Vamos analisar os fatos pela perspectiva correta e, com isso, alguns leitores seguramente se surpreenderão. Em seguida, presumindo que você não seja cristão e que precise ser convencido de que a ressurreição realmente aconteceu, vamos refletir sobre *As provas da ressurreição*. Em terceiro lugar, quero discutir *O significado da ressurreição* – qual é seu sentido fundamental? Em seguida, vamos analisar o ponto central: *A essência da ressurreição*. Depois, quero falar sobre *A consequência da ressurreição* – para você e para todo o mundo onde vivemos. Por último, *A experiência da ressurreição* – o que finalmente o convence, pois se trata do seu encontro pessoal com o Senhor vivo, ressurreto e elevado ao céu. Essa é minha proposta.

A sequência da ressurreição

Direto aos fatos. Vamos entender o que realmente ocorreu – e, logo de início, tenho duas surpresas para você. Em primeiro lugar, Jesus não morreu numa sexta-feira. Sei que é isso o que a igreja ensina há centenas de anos, mas essa informação não condiz com os fatos. Segundo, Jesus não ressuscitou numa manhã de domingo. Esse é outro fato que você precisa saber. A história do Evangelho apresenta aparentes contradições – de acordo com o relato de alguns Evangelhos, ele permaneceu no túmulo por três dias e três noites, e esse espaço de tempo simplesmente não existe entre a tarde da sexta e a manhã do domingo; não é viável. Você já ficou confuso ao ler esse texto bíblico? Espero que sim. Outros Evangelhos, por outro lado, afirmam que Jesus ressuscitou ao terceiro dia. As duas afirmações se contradizem. Por que, então, a igreja fortaleceu a tradição (pois é o caso aqui) de que ele morreu na tarde de uma sexta-feira, sendo que todos sabiam que ele teria de ser sepultado imediatamente após a sua morte? Jesus morreu às três da tarde e foi sepultado antes das seis – ou 18 horas – horário de início do *shabat*.

O *shabat* é um dia de descanso em que não se permitem sepultamentos, portanto os preparativos do funeral foram agilizados. Se, contudo, a Bíblia fosse lida com atenção, seus leitores saberiam que aquele *shabat* em particular não foi celebrado em um sábado. Não se tratava do *shabat semanal*. O Evangelho de João afirma que era um "sábado especialmente sagrado", "grande o dia de sábado" [ARA], um dia especial de descanso e sagrado, e a festa da Páscoa judaica (que poderia ser qualquer dia da semana) começava com um *shabat* especial de descanso. Às três horas da tarde daquele *shabat*, que poderia ser qualquer dia da semana, Jesus morreu. Não era, portanto, uma sexta-feira. O próprio Jesus afirmou: "o Filho do homem ficará três dias e três noites no coração da terra", portanto sua morte não poderia ter acontecido numa sexta-feira.

Quero falar agora sobre a sequência de acontecimentos que mais se ajustam às evidências. Jesus morreu às três horas da tarde da quarta-feira – um dia antes da Páscoa. Esse dado é extremamente significativo porque milhares de cordeiros eram imolados às três horas do dia anterior ao *shabat* que antecedia a Páscoa – e Jesus morreu exatamente naquele horário, razão pela qual o Novo Testamento refere-se a ele como nosso Cordeiro da Páscoa, sacrificado por nós.

Porém quando afirmo que Jesus não ressuscitou em uma manhã de domingo, você precisa ter em mente que, para os judeus, o dia tem início com o pôr do sol, às 18 horas, e termina no pôr do sol do dia seguinte. Assim, o *shabat* semanal começa na sexta e se encerra no sábado, às 18 horas. O primeiro dia da semana, portanto, começava às 18 horas do sábado, e só há uma explicação para os fatos: a ressurreição de Jesus aconteceu entre esse horário e a meia-noite do próprio sábado. Para os judeus, tratava-se do primeiro dia da semana, e a Bíblia nos conta que as mulheres foram ao sepulcro nas primeiras horas do dia seguinte, antes mesmo do amanhecer, e o túmulo já estava vazio.

Os dois fatos que desejo partilhar com você, portanto, são: Jesus morreu às 15 horas da quarta-feira que antecedia o *shabat* de Páscoa – a abertura da semana da Páscoa – e ressuscitou entre as 18 horas e a meia-noite do sábado. A informação é importante pois, para o judeu, tratava-se do primeiro dia da semana. O que chamamos de domingo não começa à meia-noite para o judeu, mas no pôr do sol do dia anterior. A origem desse pensamento está em Gênesis 1. Nós acreditamos que um dia completo consiste de manhã e tarde – o dia e a noite – amanhecer e entardecer, mas a Bíblia começa dizendo: "Passaram-se a tarde e a manhã; esse foi o primeiro dia", e até hoje os judeus entendem que o dia vai de um pôr do sol a outro, conforme registrado nas Escrituras. Para os romanos, contudo, o dia é contado da meia-noite até a meia-noite seguinte. Para nós, que seguimos o calendário romano, a meia-noite marca o fim de um dia e o início de um novo dia. É um hábito ocidental que herdamos dos romanos.

Chegamos agora ao ponto crucial: no relato do Novo Testamento, a nação judaica estava ocupada pelos romanos e enfrentava a dificuldade de ter dois calendários ou dois relógios. Se Jesus morreu na tarde de quarta-feira e ressuscitou após as 18 horas do sábado, então toda a sequência dos fatos registrados na Bíblia flui de forma precisa. Conforme o próprio Jesus previra, seu corpo permaneceu no túmulo três dias e três noites segundo o calendário judaico, mas também ressuscitou ao terceiro dia pelo calendário romano – visto que os romanos consideravam o período entre as 18 horas e a meia-noite do sábado como parte do terceiro dia – e, de repente, todo o relato bíblico ajusta-se perfeitamente.

Isso confirma o ponto a seguir, que também pode surpreendê-lo: Jesus não nasceu no ano zero. Nosso calendário está errado. Herodes, o Grande, tentou matar Jesus logo após seu nascimento e assassinou muitos de seus primos – na realidade, centenas de parentes e amigos de Jesus foram mortos quando ele nasceu. Herodes, o Grande, porém, morreu no ano 4 a.C., por essa razão, receio que o calendário que usamos há mais de dois mil anos esteja equivocado em, no mínimo, quatro anos. Presumindo que Jesus tenha nascido em 4 a.c., fiz uma breve pesquisa e descobri que no ano de 29 d.C., quando Jesus, aos 33 anos de idade, foi levado à morte, a Páscoa começou em uma quinta-feira. Se aquele primeiro *shabat* caiu em uma quinta-feira, significa que Jesus morreu na quarta, um dia antes do início da Páscoa, exatamente às três da tarde, horário em que os cordeiros eram sacrificados, conforme o livro de Êxodo. A Bíblia, portanto, faz todo sentido. Deixo a reflexão por sua conta. Não sou eu quem vai lhe dizer se sua fé desmorona ou é fortalecida pelo que acabo de revelar. É muito importante que Jesus tenha ressuscitado no primeiro dia da semana. É crucial. O dia em que ele morreu não tem tanta importância. O ponto essencial é que ele morreu por você – é a esse fato que você deve se ater. Estou afirmando aqui que não se trata de teorias, mitos ou lendas, mas de fatos históricos. Quando consideramos o que a Bíblia afirma a respeito da morte e da ressurreição de Jesus, há dados que nos parecem contraditórios até que os contrastemos com o tipo de sequência que estou lhe apresentando.

A ressurreição de Jesus, portanto, se deu no primeiro dia da semana, e esse dia havia começado no pôr do sol do sábado. Alguns acreditam que Jesus tenha ressuscitado pouco antes do culto da manhã de domingo. Não foi bem assim. Segundo a Bíblia, ele deixou o sepulcro muito antes do alvorecer, e se sua ressurreição aconteceu naquelas seis horas do primeiro dia da semana – a noite anterior – tudo se ajusta perfeitamente, além de estar de acordo com as palavras "ao terceiro dia", pois quinta, sexta e sábado – da meia-noite de um dia à meia-noite de outro segundo os romanos – correspondem a três dias no calendário romano e ao primeiro dia da semana dos judeus.

Espero que essas informações tenham sido úteis. Ao final deste livro, acrescentei um gráfico para que você possa verificar em sua própria Bíblia como tudo se ajusta perfeitamente. Até agora, contudo, falamos apenas da data e do momento, mas o que aconteceu depois? Quando morreu, Jesus foi sepultado em um túmulo escavado na rocha e fechado com uma pedra. Era uma pedra grande, possivelmente pesando toneladas. (Essa imagem, aliás, está em uma passagem do Evangelho de Marcos. Era uma pedra "muito grande".) O túmulo, então, foi selado e os soldados receberam ordens para vigiá-lo durante três dias e três noites.

Era vital que o corpo de Jesus fosse mantido ali, pois ele havia afirmado que Deus, seu Pai, não o deixaria apodrecer no sepulcro. Isso explica o fato de haver soldados de guarda – e explica por que as mulheres que desejavam ungir seu corpo só chegaram nas primeiras horas da manhã de domingo: elas sabiam que, durante três dias – quinta, sexta e sábado – os soldados estariam lá. Jesus fora sepultado tão rapidamente que as mulheres não tiveram tempo de preparar o corpo, e os soldados não permitiriam que elas se aproximassem do sepulcro para ungir o corpo da forma como gostariam. Na realidade, dois judeus ungiram o corpo de Jesus para o sepultamento, mas o fizeram apressadamente. Um deles foi Nicodemos (que havia se encontrado com Jesus na penumbra da noite), e o outro era um homem chamado José, nascido em Arimateia. Esses dois homens ungiram o corpo de Jesus e, em menos de três horas, o prepararam para ser sepultado.

A preparação para o sepultamento transcorria da seguinte forma: o corpo era envolto em um longo lençol de linho que cobria a parte superior do peito até os pés – ficando totalmente coberto. Durante esse processo, unguentos e especiarias colocados entre as bandagens impediam que o corpo exalasse odores. Tratava-se, na realidade, de um semiembalsamento. Em seguida, enrolava-se a cabeça em uma estreita faixa de linho, logo acima da testa, como um turbante, deixando, portanto, o rosto e os ombros descobertos para que pudessem ser vistos pelos que visitavam o morto. Foi isso o que os dois homens fizeram apressadamente. As mulheres talvez nem soubessem que eles haviam conseguido realizar o procedimento e estavam decididas a ir ao túmulo o quanto antes a fim de ungir o corpo com as especiarias que haviam preparado. Por esse motivo, chegaram nas primeiras horas do domingo. Por que não foram na sexta-feira, entre o *shabat* da quinta e o *shabat* semanal, do próprio sábado? Elas poderiam ter vindo em um desses dias, mas lembraram-se que os soldados estariam lá, por isso tiveram de esperar até o domingo.

Estavam a caminho do sepulcro quando pararam, entreolharam-se e perguntaram: "Quem removerá para nós a pedra da entrada do sepulcro?". Se foram necessários vinte homens para colocá-la no lugar, algumas poucas mulheres certamente não conseguiriam movê-la. Ao chegarem ao sepulcro, elas descobriram que a pedra fora removida e que os soldados haviam fugido (amedrontados com um tremor e algumas aparições). As mulheres viram a pedra caída no chão e um anjo assentado sobre ela.

Certo advogado inglês escreveu o livro *Who Moved the Stone?* [Quem moveu a pedra?] e intitulou o primeiro capítulo com as palavras: "O livro que se recusava a ser escrito". Quando ele começou a escrever, tinha como intuito questionar o cristianismo, provando que Jesus não havia ressuscitado dos mortos. No primeiro capítulo, ele conta que, ao examinar as provas, ele creu. Por isso, foi obrigado a escrever outro tipo de livro, com a resposta ao título: foi o anjo que moveu a pedra. Os anjos são muito mais fortes do que nós. São mais belos do que nós e também mais inteligentes e poderosos; trata-se das mais elevadas criaturas de Deus. Nós ocupamos a segunda posição e os animais estão um degrau abaixo na escala. O homem, portanto, não é o número um da criação, como afirmam todos os evolucionistas. Os anjos – e não os seres humanos – são o ápice da criação divina. Como as mais sublimes criaturas, bastaria apenas um deles para remover a pedra e, depois, sentar-se sobre ela – gosto disso! O desprezo que o anjo demonstrou por aquela pedra: removeu-a e sentou-se sobre ela! Foi o que aconteceu, e as mulheres encontraram um túmulo vazio.

Uma das mulheres permaneceu no local. Amava tanto o Senhor que queria preparar seu corpo e, quando, no jardim do túmulo, viu um homem que pensou tratar-se do jardineiro, indagou: "O que fizeram do corpo? Diga-me para onde o levaram porque eu irei buscá-lo". Ela estava curvada quando disse essas palavras e, possivelmente, segurava os tornozelos do jardineiro. Uma voz disse: "Não me segure. Não me toque, Maria". A forma como pronunciou o nome de Maria foi suficiente para que ela o reconhecesse.

"Raboni!". Maria foi a primeira pessoa a descobrir que Jesus estava vivo. Ele lhe pediu que revelasse a seus irmãos: "Vá, porém, a meus irmãos e diga-lhes..." e ela correu para lhes contar.

Os discípulos, no entanto, não acreditaram quando ouviram. É o que a Bíblia afirma. Tinham dificuldade em aceitar que Jesus estivesse vivo outra vez. Era algo jamais visto – três dias e três noites no túmulo selado e vigiado – como ele poderia ter saído? Por isso correram para descobrir o que havia acontecido – Pedro e João foram os primeiros a chegar. O velho Pedro era muito impetuoso. Gosto muito de Pedro. Sempre que abria a boca, ele cometia uma gafe (sei bem como é) – e Pedro logo entrou no sepulcro. João permaneceu na entrada, olhou para dentro apenas e viu algo maravilhoso. Pedro não percebeu, mas João, sim: o lenço que estivera sobre sua cabeça estava dobrado à parte e, no chão, ainda enrolado, repousava o longo lençol de linho que envolvera o corpo de Jesus. Diz o texto que, naquele mesmo momento, João creu que algo sobrenatural havia ocorrido. O que ele testemunhava não era, de forma alguma, um acontecimento natural.

Deus estivera ocupado naquele sepulcro e João foi o primeiro a crer, quando percebeu que o corpo de Jesus simplesmente havia desaparecido, deixando para trás apenas as mortalhas. Naquele mesmo dia, Jesus apareceu a dois parentes distantes – um homem e sua esposa, possivelmente tios de Jesus. Acompanhou-os pelo longo caminho de volta para casa e eles lhe confessaram seu desapontamento com Jesus. Pensaram que ele resgataria Israel, mas isso não havia acontecido. Ao chegarem em casa, percebendo que estava muito escuro para que o homem continuasse a jornada, convidaram-no a pernoitar ali. Então algo maravilhoso aconteceu. Durante a refeição, os anfitriões seguiram o costume judaico: entregar o pão ao convidado para que este o parta e tome para si o maior pedaço (como cortesia). Ao observar Jesus partir o pão, seus olhos se abriram – ficaram surpresos por ver novamente alguém que havia morrido! Agora, contudo, eles sabiam que Jesus estava vivo e começaram a relembrar o que haviam conversado durante o caminho. Ele os havia conduzido por todo o Antigo Testamento revelando tudo a respeito de si mesmo: era preciso que ele morresse e entrasse em sua glória por meio do sofrimento, exatamente como ele fizera.

Embora já estivesse escuro e fosse longo o trajeto, eles voltaram correndo a Jerusalém, a fim de comunicar aos discípulos: "Ele está vivo! Ele está vivo!". Os discípulos ainda não conseguiam crer, porém João sabia. E, enquanto falavam, o próprio Jesus chegou, cumprimentando todos com a saudação judaica *Shalom*, que significa harmonia com Deus, harmonia com a natureza, harmonia com outros e consigo mesmo – uma palavra maravilhosa, a primeira que Jesus lhes dirigiu. Tomé, infelizmente, não estava presente. Mais uma semana foi necessária para que ele fosse persuadido, e Jesus o convenceu de tal forma que Tomé apenas exclamou: "Meu Senhor e meu Deus!". Tomé, de forma resoluta, foi o primeiro a chamar Jesus de "Deus". Pedro e Marta haviam se referido a ele como Filho de Deus, mas foi Tomé quem o chamou Deus, e era verdade. Em poucas palavras, portanto, essa sequência de eventos é conhecida como ressurreição.

As provas da ressurreição
Mas precisamos de uma análise ainda mais aprofundada. Quero falar, primeiramente, sobre a ressurreição como fato histórico e sobre a comprovação que podemos apresentar às pessoas. Precisamos dessas provas para convencê-las de que a ressurreição realmente aconteceu. Em primeiro lugar, devo dizer que não há prova *visível*. Não temos a evidência do corpo vivo de Jesus e não podemos produzi-lo. Os céticos tampouco podem apresentar as evidências do cadáver (restos mortais) de Jesus, portanto não há saída. Entende o que estou dizendo? Se os cristãos pudessem apresentar diante de todos um corpo vivo, seria possível convencer os céticos. Se os céticos pudessem apresentar um cadáver ou pelo menos ossos encontrados em algum lugar do Oriente Médio, comprovariam sua tese, mas ninguém pôde encontrar coisa alguma. Sendo assim, que tipo de prova temos? Sejamos sinceros, não somos capazes de encontrar qualquer prova científica de que Jesus tenha ressuscitado dos mortos. A comprovação da ciência ocorre de duas maneiras apenas: pela observação ou pela reprodução em laboratório. No que se refere à ressurreição, os cientistas não conseguem obter nenhuma das duas. Eles não estavam presentes para observar a ressurreição e não podem reproduzi-la em laboratório.

Então, que tipo de comprovação podemos apresentar? A resposta é clara: as provas legais – ou provas históricas – assim como acontece em todos os processos judiciais quando não há testemunhas do ocorrido. Vamos avaliar um caso de assassinato. Nenhum dos presentes no tribunal testemunhou o crime. Como sabem que ele, de fato, ocorreu? É preciso que se produzam provas legais. Há dois tipos de provas: a primeira delas é o relato das testemunhas oculares. Se esse tipo de prova não convence o júri, então as provas circunstanciais são apresentadas e podem convencer o júri, de forma incontestável, de que o crime de fato ocorreu e de que o réu é o assassino. Todo processo jurídico precisa reunir esse tipo de provas. Vamos tentar imaginar uma cena. O corpo de uma mulher é encontrado próximo à represa da cidade. A pergunta é: ela caiu ou foi empurrada? O marido é preso, acusado de assassinato. Caso houvesse testemunhas oculares, no entanto, elas seriam consideradas boas provas. Se alguma dessas testemunhas afirmasse: "Vi um homem andando com sua esposa nos arredores da represa e, mais tarde, o vi retornando sem ela", seria uma boa prova. Se alguém o tivesse visto empurrando a mulher, seu testemunho seria decisivo. As testemunhas oculares são boa fonte de comprovação, mas caso ninguém tivesse visto nada, seriam apresentadas as provas circunstanciais. Uma indenização alta do seguro de vida, contratado pelo marido em nome da esposa na semana anterior, seria uma prova circunstancial. O fato de ele ter sido visto pelos vizinhos diversas vezes, acompanhado de outra mulher quando sua esposa se ausentava, chegando a levá-la para casa, seria outra boa prova circunstancial. E a descoberta de passagens aéreas para o Caribe, reservadas em seu nome e de outra pessoa pouco antes de tudo ter acontecido, constituiria mais uma prova circunstancial. Cada prova isolada pode não comprovar o fato de maneira decisiva, mas como "prova cumulativa" seria irrefutável.

Na ressurreição de Jesus, temos os dois tipos de prova. De um lado, as testemunhas oculares; de outro, uma característica marcante do relato de Mateus, Marcos, Lucas e João: eles não são unânimes. Há pequenos detalhes divergentes, e é exatamente esse aspecto que convence os advogados de que se trata de um testemunho ocular. Se todos eles contassem exatamente a mesma história, poderiam ter "combinado" entre si, o que se configuraria conluio. Sempre existem pequenas diferenças. Por exemplo, uma pessoa foi atropelada na rua e uma testemunha afirma que um cachorro passou na frente do carro e o motorista, ao desviar do animal, acabou atingindo a pessoa. Outra testemunha dirá: "É verdade, mas havia dois cães, não apenas um, e um perseguia o outro quando o carro passava". Há uma leve discrepância aqui que convence o juiz de que ambos estão falando a verdade de forma independente.

Um Evangelho, por exemplo, afirma que havia um anjo no túmulo e outro Evangelho relata que eram dois anjos. Contradição? Não. Uma testemunha viu apenas um anjo e a outra viu dois – e são essas discrepâncias entre os testemunhos oculares que convencem um advogado de que se trata de relatos independentes. Mateus, Marcos, Lucas e João não se reuniram para preparar uma história. Se assim tivessem feito, haveria perfeito acordo e a versão de todos eles seria idêntica. Estou tentando lhe mostrar que dispomos de provas reais. Contamos com testemunhas oculares. Todas elas presenciaram os fatos e os descreveram – cada uma delas com suas próprias palavras. Há divergências nos detalhes, mas isso não prova que os testemunhos sejam duvidosos, mas sim, confiáveis.

É possível que até 500 pessoas tenham testemunhado a ressurreição de Jesus, e, na época de Paulo, algumas delas ainda viviam. Essas pessoas viram a ressurreição de Jesus com os próprios olhos e todas elas poderiam ter testemunhado em um tribunal. Entretanto, mesmo se não tivéssemos qualquer testemunha ocular, as provas circunstanciais seriam esmagadoras. Os próprios discípulos, antes acovardados, atrás de portas fechadas, saíram e acusaram publicamente os assassinos de Jesus – ato que os aproximou da pena de morte e muito lhes custou. Onze entre os doze apóstolos foram mortos (João morreu na velhice) e isso aconteceu porque pregavam que Cristo, ressuscitado dos mortos, é o Rei, não apenas dos judeus, mas de todo o mundo. No império romano, governado pelo temido César, levantar-se e afirmar a existência de outro rei era traição punida com a morte.

Essa é apenas uma das provas circunstanciais. Outra prova é o fato de os judeus que creram na ressurreição de Jesus passarem a adorar no domingo e não mais no sábado, como era seu costume. Jamais se ouviu falar de tal disposição – uma religião mudar seu dia de adoração. Seria como se todos os muçulmanos do mundo mudassem seu dia de culto para uma quarta-feira. Algo inimaginável. Agora, contudo, havia judeus que adoravam no domingo, o primeiro dia da semana. Por ser um dia de trabalho, eles precisavam se levantar muito cedo para o culto de adoração ou então prestar seu culto muito mais tarde, depois do horário de trabalho. Por que fariam essa mudança a menos que algo revolucionário tivesse ocorrido? Podemos nos aprofundar aqui: vidas que ainda hoje são transformadas, pessoas que encontram a cura para suas enfermidades, pessoas perversas que se tornam piedosas por crerem unicamente que Jesus está vivo – isso constitui evidência e prova; e a fé que professam dois milhões de pessoas pode não ser suficiente para comprovar a ressurreição, mas contribui como prova circunstancial. Temos o testemunho ocular e as provas circunstanciais de que Jesus ressuscitou dos mortos. É por essa razão que a área profissional com maior presença de cristãos é a área jurídica. Não é fantástico? Esses profissionais entendem a respeito de provas. Muitos advogados renomados do meu país tornaram-se cristãos porque analisaram as evidências. Quando o fazemos, podemos perceber como são sólidas.

Dois professores de direito da Universidade de Oxford eram céticos a respeito do cristianismo. Eles decidiram que, durante as férias de verão, estudariam individualmente e registrariam todos os elementos que pudessem comprovar que Jesus estava morto. No início das aulas, reuniram-se novamente em Oxford. Quando se encontraram, um deles comentou: "Estou constrangido por me encontrar com você", e o outro lhe perguntou a razão. "Descobri que, de fato, ele ressuscitou dos mortos. As provas me convenceram" – disse ele, e o outro replicou: "Não imagina o alívio que sinto ao ouvir essas palavras, porque as provas também me convenceram". Juntos, eles escreveram um conhecido livro. Eis aqui uma afirmação do Chefe do Poder Judiciário na Inglaterra: "O veredito de que a história da ressurreição é verdadeira não seria difícil para nenhum júri inteligente". O Chefe do Poder Judiciário na Inglaterra!

Por que há muitos que não estão convencidos? Porque não avaliam as provas. E por que não avaliam as provas? Porque recusam-se a fazê-lo. Se as provas constatarem a verdade, eles serão obrigados a mudar de vida. Se as provas forem verdadeiras, então tudo o que Jesus afirmou é a verdade e isso produz tremenda mudança. O problema é que as pessoas não encaram as provas. Não desejam fazê-lo. Não querem acreditar que Jesus ressuscitou dos mortos. Se apenas refletissem sobre as provas teriam de acreditar – e, por isso, recuam diante da verdade.

Até agora, tudo o que foi comentado diz respeito aos fatos. O cristianismo está baseado em fatos históricos – eventos que ocorreram. Nem mesmo o próprio Deus pode mudar o passado, pois já aconteceu; o próprio Deus não pode devolver Jesus àquele túmulo. Jesus saiu de lá. Ele está vivo! No entanto, ele não está aqui, e nisso reside uma das dificuldades que enfrentamos quando testemunhamos.

O significado da ressurreição
A partir desses fatos, seguimos adiante. Sou bacharel em ciências e em teologia, por isso sempre me interesso pelos fatos. Quero que minha fé esteja fundamentada na verdade, e não em meus sentimentos, por isso volto-me ao significado da ressurreição. O que ela significa? Por que ela aconteceu? Há, seguramente, pelo menos dois significados. Em primeiro lugar, a ressurreição valida a pessoa de Jesus.

Ele era, de fato, quem afirmava ser. Durante sua vida, ele declara sua divindade de dez formas distintas. Nesta análise da ressurreição, não temos espaço para falar sobre todas elas. De dez maneiras diferentes ele afirmou ser Deus e, como consequência, quatro atentados foram planejados contra sua vida, pois a lei judaica era muito clara: autodenominar-se Deus era blasfêmia, passível de morte.

Jesus foi ameaçado de morte mais de uma vez. Até mesmo seus próprios vizinhos e amigos em Nazaré tentaram matá-lo assim que ele começou a pregar. Pode-se ver até hoje a colina nos arredores de Nazaré para onde, certa vez, o levaram e de onde tentaram arremessá-lo. Um único sermão foi suficiente para despertar em seus ouvintes o desejo de matá-lo – um recorde e tanto para um pregador! Por que agiram dessa forma? Porque falsos messias haviam surgido no norte de Israel, mais especificamente na Galileia, os quais, após descobertos, foram condenados à morte. O local de origem desses supostos messias era terrivelmente castigado. O vilarejo de onde surgia o falso messias era simplesmente aniquilado pelos romanos com o objetivo de exterminar o mal pela raiz. Por isso, quando Jesus surgiu com suas alegações messiânicas baseadas em citações do livro de Isaías e lhes disse: "Hoje se cumpriu a Escritura que vocês acabaram de ouvir", os habitantes de Nazaré temeram que os romanos pudessem repetir o feito e varrer Nazaré do mapa. Decidiram, portanto, livrar-se dele. Disse certo homem chamado Caifás: "Precisamos nos livrar desse homem. É melhor que morra um homem pelo povo e que não pereça toda a nação". Ele também temia a força romana de ocupação. Assim, certo dia, enquanto ensinava, Jesus afirmou ser amigo de Abraão. É por isso que costumo dizer que ele era lunático, era mau ou era Deus, porque Abraão havia morrido dois mil anos antes. Disseram a Jesus: "Você ainda não tem cinquenta anos, não pode conhecer Abraão", mas ele lhes respondeu: "Antes de Abraão nascer, Eu Sou!" – e "Eu Sou" era o nome de Deus. Que afirmação extraordinária! Assim que ouviram tais palavras, os judeus pegaram pedras – e não faltam pedras na Terra Santa – para apedrejá-lo. Espontaneamente, naquele mesmo instante, eles decidiram apedrejá-lo até a morte! Graças à presença majestosa de Jesus, nas duas ocasiões, ele simplesmente se afastou. Ninguém o tocou. Quatro vezes tentaram matá-lo, até que ele decidiu: "Chegou a hora da minha morte" e chamou seus discípulos: "Venham, vamos a Jerusalém" – e previu os detalhes de sua morte. Jesus decidiu quando, onde e como morreria. É praticamente possível afirmar tratar-se de um suicídio. Jesus planejou a própria morte.

Esse é o primeiro significado da ressurreição: *Jesus era quem afirmava ser*. De dez maneiras ele afirmou ser divino, o unigênito Filho de Deus, em um relacionamento singular que ninguém jamais havia desfrutado. Jesus chegou a ponto de chamar Deus de "pai" – usando a palavra hebraica *Abba*, cujo significado é "papai", a forma mais íntima de se dirigir a Deus. Nenhum judeu jamais ousaria usá-la em relação a Deus. E de todas essas maneiras, Jesus ofereceu inúmeras pistas de quem ele era até que, finalmente, ouviu de Pedro: "Eu sei quem tu és. Tu és o Filho de Deus". Surgiram rumores de todo o tipo, reconhecendo-o como a reencarnação de grandes homens do passado, mas foi Pedro quem constatou: "És o Filho de Deus, não és?".

Porém quando Jesus afirma: "Agora posso morrer. Agora posso concluir o que vim fazer. Vamos a Jerusalém", Pedro se apressa em responder: "Nunca, Senhor. Não vou permitir a sua morte, isso está absolutamente errado", ao que Jesus replicou: "Para trás de mim, Satanás, suas palavras anteriores vieram de meu Pai, mas o que você diz agora vem do diabo". E saindo dali, dirigiu-se diretamente a Jerusalém – para morrer!

Com isso, chegamos ao segundo significado da ressurreição: *ela não apenas validou a pessoa de Jesus, mas também comprovou sua obra*. Os fatos são: ele realmente morreu, ainda muito jovem, e sofreu a mais humilhante e dolorosa morte já concebida por seres humanos para punir criminosos. Lá está Jesus, aos 33 anos, pregado com cravos a um pedaço de madeira (completamente nu – a tanga aparece nas representações cristãs de sua morte por uma questão de decência) – totalmente humilhado, preso à cruz até morrer. Mais uma surpresa para você: Jesus não morreu pela crucificação. Não foi a cruz que matou Jesus, pois, segundo todos os registros, era necessário no mínimo dois dias para que um homem morresse – em alguns casos, a agonia chegava a sete dias – dependendo do tempo que fosse possível resistir. De dois a sete dias era o tempo que costumava levar para uma morte na cruz, e Jesus estava morto após seis horas de crucificação. As pistas estão nas palavras que ele proferiu nessas seis horas. Durante as primeiras três horas, ele preocupou-se com outras pessoas. Pensou primeiramente nos soldados que o colocaram ali: "Pai, perdoa-lhes, pois não sabem o que estão fazendo". Jesus também pensou em sua mãe e disse a João: "Você vai cuidar dela por mim?" – presume-se que José já estivesse morto a essa altura. Durante três horas, o sol brilhou, e nessas três horas ele preocupou-se com os outros. Vieram, então, as tenebrosas três horas de total escuridão sobre a cruz. Até mesmo o sol se apagou. Assim como a estrela sinalizara o nascimento de Cristo, o sol agora sinalizava a sua morte escondendo-se durante três horas. Nas trevas, sentindo terrível sede, ele implorou por água, e, por crueldade, deram-lhe vinagre, agravando ainda mais a sua sede. Durante as três horas de trevas, ele clamou: "Meu Deus! Meu Deus! Por que me abandonaste?", *"Eli, Eli, lama sabactani?"* – Jesus sentiu-se absolutamente só.

Mas o que significa tudo isso? Significa que ele estava

experimentando o inferno. O inferno é um lugar sombrio, onde há extrema sede; o inferno é um lugar onde Deus não está presente. Jesus estava experimentando o inferno para que você jamais precisasse chegar lá. Essa é a verdade. Mas por que Deus deixou que ele morresse? A resposta é muito simples: Deus enviou Jesus para morrer por nossos pecados; enfrentar o inferno em nosso lugar. Essa foi a razão de sua vinda. Essa é razão pela qual Deus o enviou e não o salvou da morte. Com a morte de Jesus, os discípulos ficaram devastados. Sua fé em Jesus foi destruída: ele está morto – está tudo acabado. Eles haviam abandonado suas atividades para segui-lo. É possível imaginar a profunda depressão que sentiram durante os três dias e as três noites após a morte de Jesus. Então, Jesus ressuscitou dos mortos. Sua ressurreição confirmava não apenas que ele, de fato, era quem afirmara ser, mas também que havia realizado o que prometera, cumprindo a justiça de Deus.

Um Deus que é bom não pode perdoar o pecado até que seu preço tenha sido pago. Deus não pode perdoar algo até que seja pago, pois embora seja um Deus misericordioso, ele é um Deus de justiça. Jamais encare o perdão de Deus de forma leviana. Seu perdão está escrito no sangue de seu Filho. E a ressurreição prova que Deus aceitou a morte de Jesus em nosso lugar. É esse o significado da substituição na cruz. Os discípulos, portanto, agora percebem que está tudo bem. Era necessário que ele morresse na cruz. Era necessário que ele declarasse ser o único Filho de Deus. Os discípulos entenderam o significado da morte de Jesus e isso mudou tudo. Consegue imaginar a revolução? Dois anos e meio haviam sido necessários para que eles percebessem que Jesus era o Filho de Deus, e agora eles certificavam-se de que se tratava, de fato, do Filho de Deus que viera para morrer por nossos pecados. Agora eles tinham o Evangelho e sairiam para anunciá-lo em todos os lugares.

A essência da ressurreição

Bem, ainda não terminei. O próximo aspecto que gostaria que você observasse é a essência da ressurreição. O que quero dizer com isso? Quero dizer o seguinte: no centro de tudo o que aconteceu está um ato de criação do próprio Criador. A ênfase da ressurreição está no fato de Deus ter trazido seu Filho de volta à vida. Não foi um ato do próprio Jesus, mas de Deus. Assim como havia formado o corpo de Jesus no silêncio do ventre de Maria, Deus, no silêncio do túmulo, deu a seu Filho um corpo novo. Era um corpo visível, como o anterior, mas com diferenças singulares. Ainda carregava as marcas dos pregos, porém Deus havia colocado em ação seu poder criativo naquele túmulo – ou seja, Deus estava agindo novamente! Ele trabalhou na criação do mundo, depois fez uma pausa para descansar e seu descanso prolongou-se por um período de milhares de anos durante o qual nada novo foi criado. A palavra "novo" é muito rara no Antigo Testamento exceto por um único texto que me vêm à mente: "Não há nada novo debaixo do sol". A palavra "novo" volta a ser usada no Novo Testamento, pois Deus havia criado algo novo. Ele retomava seu trabalho de criar algo do nada.

Tenho uma pergunta a lhe fazer e ficarei surpreso se você já tiver pensado a esse respeito. Quando Jesus ressuscitou dos mortos, todas as vestes com as quais havia sido sepultado foram deixadas no sepulcro. Então, de onde você acha que vieram as vestes da ressurreição? Seguramente ele não apareceu nu diante de Maria, tampouco havia comércio por perto. Pense nisso – onde ele conseguiu suas roupas? A resposta é: do mesmo lugar de onde recebeu seu novo corpo. Deus as criou a partir do nada. No céu você estará vestido, mas não precisa levar bagagem. Roupas novas, criadas por Deus, lhe serão concedidas. A ressurreição foi um ato criativo. Outras pessoas foram trazidas da morte para seus antigos corpos e, posteriormente, morreram outra vez. Lázaro voltou ao seu próprio corpo, mas também veio a morrer. O mesmo aconteceu com o filho da viúva de Naim. Na realidade, muitas pessoas foram ressuscitadas dos mortos tanto no Antigo quanto no Novo Testamento, mas nenhuma delas recebeu uma nova vida. Elas voltaram a viver. Foram trazidas de volta à sua antiga vida e todas, mais tarde, acabaram morrendo. (Talvez seja esse o motivo pelo qual afirmam que Lázaro jamais voltou a sorrir: voltou a esta vida depois de ter escapado dela.)

Jesus, no entanto, voltou com um novo corpo – um ato criativo – um novo corpo que podia atravessar paredes e portas trancadas sem qualquer dificuldade. Ele nunca havia feito isso antes. Um novo corpo; uma nova criação. Em outras palavras – o corpo de Jesus foi a primeira parte da transformação da velha criação em nova criação, por isso ele é chamado de primogênito da criação. Ele é o primeiro e, até agora, o último a ter um corpo recém-criado que não envelheceu nem um pouco. No ano 2000, as igrejas celebraram o 2000º aniversário de Jesus. Nada disso; ele nunca envelheceu. Jesus tem um corpo que não envelhece. Ainda está jovem, com seus 33 anos, porque não tem seu corpo antigo, mas um novo corpo. Apesar de ser semelhante em aparência (ele podia ser reconhecido), Jesus recebeu um novo corpo, e isso tem muita importância para nós. Aconteceu no primeiro dia útil da semana dos judeus. É por isso que adoramos em um domingo – Deus voltou ao trabalho.

A nova criação começou e somos nova criação de Deus – "Se alguém está em Cristo, é nova criação", afirma Paulo. Há, porém, uma grande diferença, uma mudança significativa entre a primeira e a segunda criação. Na primeira criação, Deus começou criando o céu e a terra e, por fim, criou o homem e a mulher. Na nova criação, observamos a ordem inversa. Primeiro, Deus está transformando os homens e as mulheres em nova criação para depois criar um novo céu e uma nova terra onde eles possam viver. Deus, portanto, inverteu a ordem da criação e a explicação para isso é revelada em toda a Bíblia: ele quer que você seja sua nova criação. Esta é a maravilhosa verdade do Novo Testamento: dessa vez, Deus começou com as pessoas; começou com seu próprio Filho. A ressurreição no primeiro dia útil na semana, portanto, revela que Deus deu início à segunda semana da criação e nela vivemos neste exato momento. Deus está transformando os homens e as mulheres (na maioria das vezes isso acontece no domingo) e essa transformação ocorre por meio da aceitação do Evangelho. É por essa razão que adoramos em um domingo. Estamos afirmando que Deus voltou ao trabalho. O domingo não é um dia de descanso – na realidade, para muitos cristãos, está longe disso. Estamos celebrando o retorno do Criador ao trabalho.

A consequência da ressurreição
Vamos examinar agora a consequência da ressurreição para os indivíduos e, em seguida, para o mundo em que vivemos. Para nós, a consequência é que, um dia, também seremos ressuscitados. Deus não salva sua alma apenas, ele quer nos salvar por completo – quer redimir nossos corpos. Todo ser humano passa por três fases de existência, e elas são reais também para você. A primeira fase é a vida aqui, em um corpo. Ainda estou na primeira fase, mas aos oitenta e poucos anos, não sei por quanto tempo mais essa fase se prolongará. Na morte, portanto, passo à segunda fase, um período desencarnado em que sou um espírito sem um corpo, um espírito plenamente consciente e capaz de se comunicar, porém desprovido de um corpo físico. Em 2Coríntios 5, Paulo afirma: "Serei despido; a habitação terrena temporária será destruída". Serei um espírito desencarnado, disse ele. Por um lado, não estou muito ansioso pela experiência

porque é nosso corpo que nos ajuda a estar ativos e a realizar muitas coisas. Mas, em seguida, Paulo reflete bem e afirma: "É melhor estar com Cristo" – de volta ao lar com o Senhor, mesmo sem ter um corpo – e muitas vezes usei essas palavras para consolar os que estão no leito de morte. Você vai perder seu corpo, mas não vai se perder. Você continuará a existir. Seu espírito sobrevive à morte. Dois minutos após a sua morte, você saberá quem é, onde está e quem está ao seu lado. Isso é muito importante: com a morte ninguém deixa a existência, a Bíblia é bastante clara a esse respeito.

Entretanto, você será ressuscitado e receberá um corpo totalmente novo, semelhante ao corpo de Jesus. Na minha idade, mal posso esperar para ter 33 anos novamente, sabendo que não vou envelhecer. Não é emocionante? Ter um corpo como o corpo glorioso de Cristo, ser jovem e forte novamente – maravilha! Aleluia!

Já lhe falei quais são as consequências para mim. Não é um tema comum no Antigo Testamento, mas Daniel afirma que as multidões que dormem no pó da terra acordarão: uns para a vida eterna, outros para a vergonha, para o desprezo eterno. Quando recebermos nosso novo corpo, esse corpo precisará viver em algum lugar, e há apenas dois lugares onde poderemos viver – dois lugares, não apenas um! Jesus disse: "Não fiquem admirados com isto, pois está chegando a hora em que todos os que estiverem nos túmulos ouvirão a sua voz [do Filho do homem] e sairão; os que fizeram o bem ressuscitarão para a vida, e os que fizeram o mal ressuscitarão para serem condenados". Todos ressuscitarão – os bons e os maus reviverão. Essa é a consequência da ressurreição de Cristo. Essas pessoas, contudo, não ressuscitarão para serem conduzidas ao mesmo lugar. Paulo afirma diante do governador Félix: "Tenho em Deus a mesma esperança desses homens: de que haverá ressurreição tanto de justos como de injustos". Hitler ressuscitará e você também. Mas o local para onde você irá depende muito da forma como conduziu sua vida aqui. Essa é uma consequência da ressurreição de Jesus para o indivíduo. Entretanto, não ressuscitaremos todos no mesmo dia. Segundo o Novo Testamento, haverá duas ressurreições – a primeira, dos justos, aqueles que amam Jesus; e, muitos anos depois, o restante da raça humana receberá um corpo novo e ressuscitará. Nesse intervalo, Cristo reinará sobre este mundo, e essa é razão pela qual ressuscitaremos primeiro com ele. Felizes aqueles que participam da primeira ressurreição, diz a Bíblia. Porque ressuscitaremos para ajudá-lo a governar o mundo. Ele está retornando para ser o Rei dos reis e Senhor dos senhores e precisará de ajudadores. Por isso ele ressuscita primeiro aqueles que certamente o ajudarão. Aqueles que o ajudaram aqui voltarão a viver. Todos receberão um novo corpo, mas não ao mesmo tempo e, certamente, não para o mesmo lugar. Pois a segunda ressurreição de todos será imediatamente seguida pelo Dia do Juízo, no qual as pessoas descobrirão a realidade sobre o céu e o inferno.

Dizemos "céu e inferno", mas na realidade, haverá um novo céu e uma nova terra – um planeta Terra novinho em folha – e não um lugar chamado céu. Somos as únicas pessoas do universo que têm conhecimento disso. Ninguém mais sabe que haverá outro planeta Terra e outro espaço ao seu redor.

A experiência da ressurreição
Vamos agora refletir sobre a experiência da ressurreição. Se você me perguntar como sei que Jesus está vivo, a resposta é muito simples. Eu falei com ele esta manhã. Essa é a prova definitiva da ressurreição: quando você reconhece que Jesus está vivo e conversa com ele. Eu estava pregando em uma igreja na Inglaterra e uma mulher judia assistia na congregação. Essa jovem atraente, que eu não sabia que era judia, dirigiu-se a mim ao final e perguntou:

— Sr. Pawson, o senhor está afirmando que Jesus de Nazaré ainda está vivo?
— Sim, eu vim aqui para lhes dizer isso — respondi.
— Mas se ele está vivo, então deve ser *nosso* Messias — replicou a jovem. Ela não disse "seu", mas "nosso" Messias.
— Sim, é verdade — concordei.

Ela perguntou como poderia descobrir se ele estava vivo. Eu a levei a uma sala nos fundos da igreja, indiquei-lhe uma cadeira confortável e disse que a deixaria ali por 15 minutos para que ela falasse com Jesus, em voz alta, e se ele estivesse vivo, responderia. Insisti que ela falasse a Jesus a respeito de si mesma, contasse o que ouvira a respeito dele, confessasse o que pensava dele e seus maiores desejos na vida, enfim, batesse um papo com Jesus. Saí da sala e retornei após 15 minutos. Ela disse: "Ele está vivo! Ele está vivo!" – e, poucos minutos depois, estava me ensinando a Bíblia, repetindo: "Isto é verdade. E isto é verdade" – enquanto citava passagens bíblicas. Ela conhecia a Bíblia muito bem – somente o Antigo Testamento, que está repleto de passagens sobre Jesus, e agora constatava que todas as afirmações eram verdadeiras – descobri essas passagens em poucos minutos de conversa com ela. Ela se tornara cristã havia poucos minutos e já estava me ensinando o que a Bíblia afirmava a respeito de Jesus. Ele está vivo! Basta começar a falar com ele, partilhar com ele para descobrir que ele responde. Não, você não o vê, mas poderá vê-lo quando ele voltar. Contudo, você fala com ele e ele responde, e você sabe em seu espírito e em seu coração que a ressurreição de fato aconteceu.

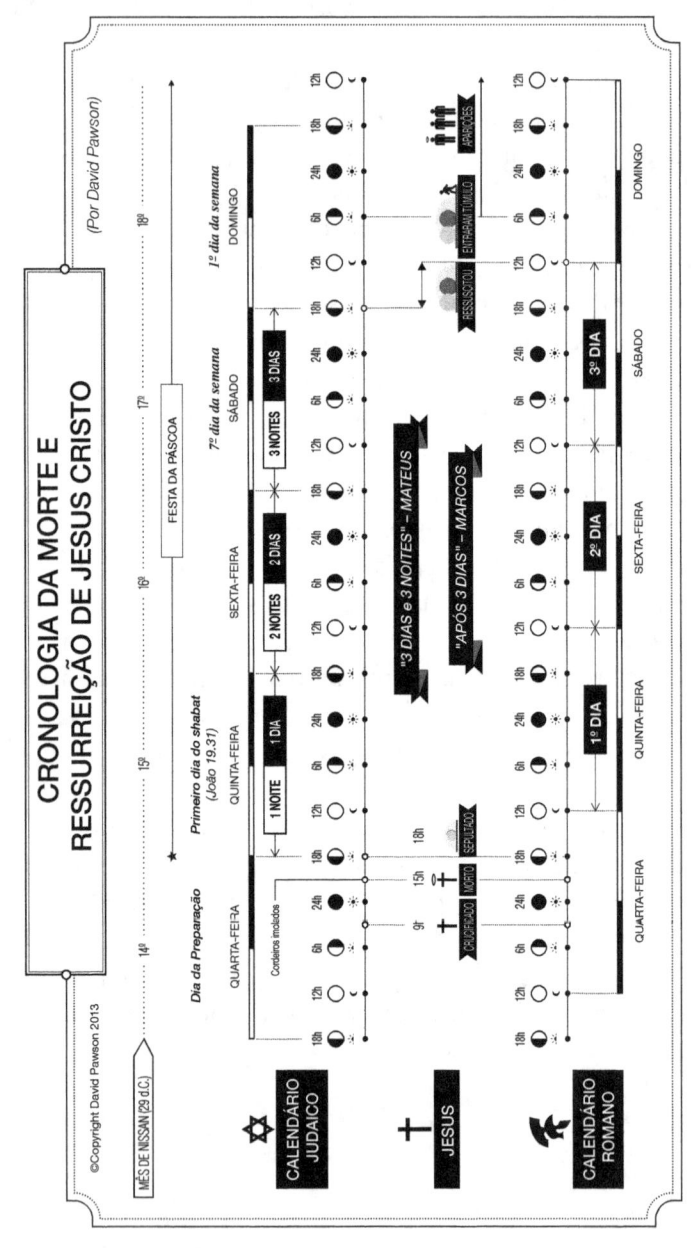

SOBRE DAVID PAWSON

Conferencista e escritor com inabalável fidelidade às Sagradas Escrituras, David traz clareza e uma mensagem de urgência aos cristãos para que descubram tesouros escondidos da Palavra de Deus.

Nascido na Inglaterra em 1930, David iniciou sua carreira com formação em Agronomia pela Universidade de Durham. Quando Deus interveio e o chamou para que se tornasse Pastor, ele concluiu o Mestrado em Teologia pela Universidade de Cambridge, e, durante três anos, serviu como capelão na Força Aérea Real. Passou então a pastorear várias igrejas, entre elas o Centro Millmead, em Guildford, que se tornou um modelo para muitos líderes de igrejas do Reino Unido. Em 1979, o Senhor o conduziu a um ministério internacional. Atualmente, seu ministério itinerante é predominantemente para líderes de igrejas. David e sua esposa, Enid, moram hoje no condado de Hampshire, no Reino Unido.

Ao longo dos anos, ele escreveu um grande número de livros, publicações e notas diárias de leitura. Suas extensas e muito acessíveis análises dos livros da Bíblia foram gravadas e publicadas em "Unlocking the Bible" (A Chave para Entender a Bíblia). Milhões de cópias de seu material de ensino têm sido distribuídas em mais de 120 países, oferecendo sólido embasamento bíblico.

Ele é considerado o "pregador ocidental mais influente na China" graças à transmissão de sua bem-sucedida série "Unlocking the Bible" a todas as províncias da China, através da God TV. No Reino Unido, os ensinos de David são transmitidos com frequência pela Revelation TV.

Incontáveis fiéis em todo o mundo também se beneficiaram de sua generosa decisão, em 2011, de disponibilizar sua extensa biblioteca audiovisual, sem custo algum, em: **www.davidpawson.org**. Recentemente, todos os vídeos de David foram carregados em um canal específico em: **www.youtube.com**

VISITE NOSSO CANAL NO YOUTUBE
www.youtube.com/user/DavidPawsonMinistry

SÉRIE A BÍBLIA EXPLICA
VERDADES BÍBLICAS APRESENTADAS DE FORMA SIMPLES

Se você foi abençoado com a leitura deste livro, saiba que outros títulos da série estão disponíveis. Acesse **www.aBibliaexplica.com** e inscreva-se para baixar mais livros gratuitos.

A série A Bíblia Explica inclui:
A Fascinante História de Jesus
A Ressurreição: O ponto central do cristianismo
Como Estudar a Bíblia
A Unção e o Enchimento do Espírito Santo
O Batismo no Novo Testamento
Como Estudar um Livro da Bíblia: Judas
Os principais passos para se tornar um cristão
O que a Bíblia diz sobre: Dinheiro
O que a Bíblia diz sobre: Trabalho
Graça: Favor imerecido, Força irresistível ou Perdão incondicional?
Seguro para sempre? O que a Bíblia diz sobre: Salvação
O Fim dos Tempos
Três textos geralmente usados fora do contexto: Explicando a verdade e expondo o erro
A Trindade
A Verdade sobre o Natal

Você também pode adquirir cópias impressas em:
Amazon ou **www.thebookdepository.com**

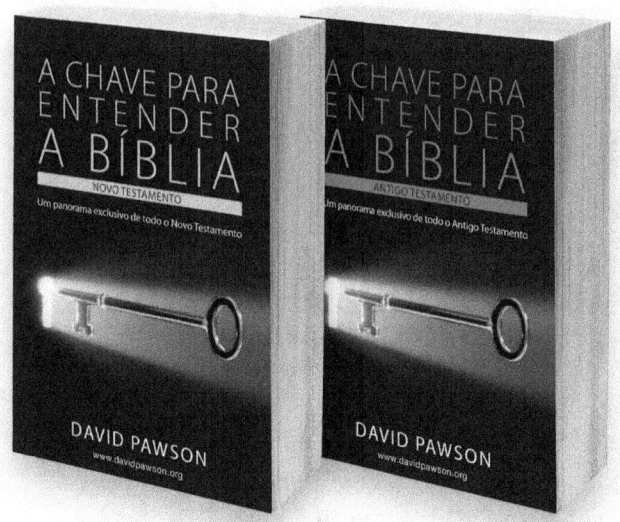

A CHAVE PARA ENTENDER A BÍBLIA

Um panorama exclusivo do Antigo e do Novo Testamento, nas palavras de David Pawson – conferencista e escritor evangélico, reconhecido internacionalmente. "*A Chave para Entender a Bíblia*" elucida a palavra de Deus de maneira inovadora e poderosa. Em uma clara distinção aos tradicionais estudos e comentários bíblicos que tratam versículo por versículo, este livro apresenta a história épica do relacionamento entre Deus e seu povo, em Israel. A cultura, o contexto histórico e os personagens são apresentados e os ensinamentos são aplicados ao mundo contemporâneo. Oito volumes foram compilados nesta edição abrangente, compacta e fácil de usar, com tópicos que cobrem o Antigo e o Novo Testamento.

Do Antigo Testamento: As Instruções do Criador – Os Cinco Livros da Lei; Uma Terra e um Reino – Josué, Juízes, Rute e 1 e 2 Samuel, 1 e 2 Reis; Poemas de Louvor e Sabedoria – Salmos, Cântico dos cânticos, Provérbios, Eclesiastes, Jó; Declínio e Queda de um Império – Isaías, Jeremias e outros profetas; A Luta pela Sobrevivência – Crônicas e os profetas do exílio.

Do Novo Testamento: O Eixo da História – Mateus, Marcos, Lucas, João e Atos; O Décimo Terceiro Apóstolo – Paulo e suas cartas; Do Sofrimento à Glória – Apocalipse, Hebreus, as cartas de Tiago, Pedro e Judas.

Este livro é um best-seller internacional.

OUTROS MATERIAIS DE ENSINO
DE DAVID PAWSON

Para acessar a lista atualizada com os títulos de David Pawson, visite:
www.davidpawsonbooks.com

Para comprar os materiais de ensino de David Pawson, acesse a página:
www.davidpawson.com

www.ingramcontent.com/pod-product-compliance
Lightning Source LLC
Chambersburg PA
CBHW071507080526
44587CB00016B/2722